MONSIEUR ET MADAME DENIS,

OU

LA VEILLE DE LA S.-JEAN,

TABLEAU CONJUGAL EN UN ACTE,
ET EN VAUDEVILLES,

Par MM. DÉSAUGIERS et DE ROUGEMONT;

Représenté, pour la première fois, à Paris, sur le Théâtre des Variétés, le 23 Juin 1808.

Suivi de la CHANSON de M. et Mad. DENIS, par Marc-Ant. Désaugiers.

Prix : 1 fr. 25 c.

PARIS,

Chez BARBA, Libraire, Palais-Royal, derrière le Théâtre Français, N°. 51.

1808.

In the interest of creating a more extensive selection of rare historical book reprints, we have chosen to reproduce this title even though it may possibly have occasional imperfections such as missing and blurred pages, missing text, poor pictures, markings, dark backgrounds and other reproduction issues beyond our control. Because this work is culturally important, we have made it available as a part of our commitment to protecting, preserving and promoting the world's literature. Thank you for your understanding.

PERSONNAGES.   ACTEURS.

M. DENIS.   M. *Brunet.*
Mad. DENIS.   Mad. *Baroyer.*
DENISE, leur fille.   Mad. *Drouville.*
HILAIRE, fils de M. et Mad. Caquet.   M. *Cazot.*
M. CAQUET, marchand de cuir.   M. *Dubois.*
Mad. CAQUET, sage-femme.   Mad. *Vautrin.*

La scène est à Paris, rue des Noyers, chez M. Denis.

(*Le Théâtre représente une chambre gothique, dans laquelle il y a deux cabinets opposés ; à droite, une fenêtre à laquelle il manque un carreau ; un petit miroir est suspendu au bouton de l'espagnolette : dans le fond, une vieille table de jeu et une horloge en bois. Vis-à-vis la fenêtre, un grand miroir au-dessous duquel est une vieille table de toilette; un canapé sur le devant de la scène ; de vieux tableaux ornent l'appartement. On voit suspendu un parapluie d'étoffe flambée, un chapeau à trois cornes, un almanach de cabinet, une clarinette, etc. Auprès de la fenêtre, une cheminée sur laquelle il y a un chien empaillé, etc.*)

MONSIEUR ET MADAME DENIS,

TABLEAU CONJUGAL EN UN ACTE.

SCENE PREMIERE.
M. ET Mad. DENIS, DENISE.

(*M. Denis est à se faire la barbe devant un petit miroir à la fenêtre, Mad. Denis est à sa toilette*).

Mad. DENIS, *à sa fille.*

Denise, attachez-moi mon coulant.

DENISE.

Oui, maman.

M. DENIS, *à sa fille.*

Denise, mon rasoir à manche d'ivoire.

DENISE.

Le voilà, papa.

Mad. DENIS, *à son mari.*

Mais, voyez donc quel tems, mon chou.

M. DENIS.

Toujours pluvieux, ma mignonne, le baromètre ne nous a pas trompés, grande pluie.... ou vent très-sec.... si ce tems-là continue....

Mad. DENIS.

Mais, mon poulot, le cousin Caquet et sa femme nous attendent, et il ne serait pas bien de les laisser le bec dans l'eau.

M. DENIS.

Songez donc que de la rue des Noyers à la rue des Martyrs, il y a une fière trotte, avec çà que la rue des Martyrs n'en finit pas, et que Mad. Caquet demeure comme nous, tout en haut.

DENISE.

Comment, maman, est-ce que vous resteriez à la maison?

Mad. DENIS.

Tous les deux, seuls.... ça ne serait pas gai.

M. DENIS.

Rasssure-toi, m'amour, nous avons la ressource des voitures publiques, la place St.-Michel n'est qu'à deux pas, et Denise va aller nous chercher un fiacre.

DENISE.

Volontiers, mon papa, je vais en arrêter un à l'heure.

M. DENIS.

Non pas; il n'est pas nécessaire de payer une heure, pour, peut-être cinquante minutes que nous resterons en chemin. (*à Denise.*) Arrêtes-en un à la course.

DENISE.

Oui, papa.

Mad. DENIS.

Et reviens de suite.

DENISE.

Oui, maman. (*Elle prend un parapluie et sort*).

SCENE II.

M. ET Mad. DENIS, (*Ils achèvent l'un de se raser, l'autre de s'habiller*).

M. DENIS.

Quand je vois cet enfant, Mad. Denis, il me semble vous voir à seize ans, lorsque je vous fis mon premier cadeau.

Mad. DENIS.

Qu'est-ce que vous dites donc, mon ami; mais Denise est tout votre portrait; si ce n'est que vous êtes blond et qu'elle est trop brune.

M. DENIS.

Le diable soit du vent!... il agite mon miroir d'une force.

Mad. DENIS.

N'allez pas vous couper, au moins.

M. DENIS.

Je fais mon possible, pour ça; mais moi, je ne puis pas voir danser mon visage sans que la tête ne me tourne.... aï !...

Mad. DENIS, *effrayée.*

Eh! bien, qu'est-ce donc?

M. DENIS.

Une entaille sous mon nez... j'avais pourtant l'œil dessus.

Mad. DENIS.

Voulez-vous y mettre un peu de tabac?

M. DENIS, *la serviette sur la coupure.*

C'est votre faute aussi, Mad. Denis, depuis six semaines que cette vitre manque....

Mad. DENIS.

Air *du vaudeville de l'Athénie.*

Trois fois j'ai collé du papier
A la place de ce vitrage,
Et trois fois, vous, tout le premier
Vous avez détruit mon ouvrage.

M. DENIS.

Pourquoi me reprocher de tort?
Friponne, toi qui me chapitres,
Tu voudrais que je fusse encor
Dans l'âge où l'on casse les vitres.

Mad. DENIS.

Hélas!

M. DENIS.

Tu soupires, mignonne? donne-moi du taffetas d'Angleterre?

Mad. DENIS, *tirant son étui de sa poche.*

En faut-il beaucoup?

M. DENIS.

Vois sur ma lèvre.

Mad. DENIS, *mesurant avec le taffetas.*

Petit maladroit.

M. DENIS.

Il fut un tems où tu aurais pris la mesure différemment.

Mad. DENIS, *coupant.*

Moi, monsieur!... je ne crois pas avoir provoqué....

M. DENIS, *prenant le morceau coupé.*

Il ne faut pas prendre la mouche pour ça, poulette, (*Il applique le taffetas sur sa blessure.*) si vous m'en croyez, ma chatte, nous n'achèverons de nous habiller que lorsque la voiture sera arrivée.

Mad. DENIS.

Vous avez raison, mon rat, d'ailleurs il fait si chaud !... et pour peu qu'on ait de l'embonpoint les cors sont si génans !

M. DENIS, *regardant à la fenêtre.*

Ah ! ah ! ah ! voici Denise qui revient.

Mad. DENIS

A pied ?

M. DENIS.

A pied. Je la reconnais au parapluie.

Mad. DENIS.

Adieu notre partie de loto.

M. DENIS, *regardant toujours.*

Mais avec qui donc cause-t-elle ?

Mad. DENIS.

Elle s'arrête avec quelqu'un ?

M. DENIS.

Eh ! oui; regarde au coin de la rue du Foin... Vois-tu ? la conversation paraît même très-animée.

Mad. DENIS.

Il y a long-tems que je me doute de quelque chose, et ceci confirme certains soupçons.

M. DENIS.

Et quels soupçons, ma poule ?

Mad. DENIS.

Que quelque jeune cavalier du quartier lui trotte dans la tête.

M. DENIS.

Eh ! bien, m'amour, n'ai-je pas autrefois trotté dans la vôtre ?

Mad. DENIS.

Je ne m'en souviens plus.

M. DENIS.

Oh ! je m'en souviens très-bien, moi ; vous aviez une âme aimante, un cœur brûlant, et je ne suis pas surpris qu'un enfant qui a pris naissance dans votre sein, ait hérité d'une étincelle de ce feu sacré qui....

Mad. DENIS.

Qui ne vous brûle plus, M. Denis.

M. DENIS.

Que voulez-vous, mon cœur?

Air : *Je vous comprendrai toujours bien.* (de *l'Opéra-Comique*).

La vieillesse est comme un torrent
Qui sur nos feux vient se répandre,
Mais notre flâme en expirant
Garde sa chaleur sous la cendre.
Et bravant au sein des glaçons
Le poids des ans qui les consument,
Deux vieux époux sont deux tisons
Qui ne brûlent plus (*bis*) mais qui fument.

Mad. DENIS.

Ah ! M. Denis ! que de jours se sont écoulés depuis celui où nous nous vîmes pour la première fois.

M. DENIS.

Vous rendiez le pain béni, à St.-Germain l'Auxerrois, ce jour là. C'était en 1700.... 1700.... ma foi l'année m'échappe mais c'était le dimanche de la Quasimodo... il me semble que c'était hier !

Mad. DENIS.

Moi, je ne m'y trompe pas.

DUO.

Sensible, éloquent et fidèle,
Partout de votre belle,
Vous alliez vantant les appas,
Sur mon chapitre alors vous ne tarissiez pas.
Mais aujourd'hui votre éloquence
Est réduite au silence,
Vous n'articulez pas un mot
Que la parole hélas ! ne vous manque aussitôt.

M. DENIS.

Ah ! pensez-vous que l'âge
Ait affaibli mon sentiment ?
De notre mariage
Le jour m'est encore présent.
Vous aviez ma poulette.
Une robe de satin blanc.

Mad. DENIS.

Pour vous je fis l'emplette
D'un habit jaune en bouracan.

M. DENIS.

Avec un dessous de velours.

Mad DENIS.

Que je regretterai toujours.

M. DENIS.

Toujours.

Mad. DENIS.

Toujours.

ENSEMBLE.

Que ne suis-je encore au même âge!
Du passé douce image!
Ah! tout doit-il ainsi finir?
Qu'il est cruel de s'en tenir
Au souvenir.

SCENE III.

M. et Mad. DENIS, DENISE.

(Denise étend le parapluie pendant les premiers mots de la scène.)

Mad. DENIS.

Eh! bien, le fiacre?

DENISE.

Ah! mon dieu! ma mère, pas un sur la place.

Mad. DENIS.

Il y en a ordinairement quinze; tout Paris est donc en voiture aujourd'hui.

M. DENIS.

Eh! bien, qu'y veux-tu faire? nous resterons chez nous.

DENISE *(à part.)*

Ils resteront!... et Hilaire qui doit venir.

Mad. DENIS *à sa fille*.

Mais, Dieu me pardonne, vous avez cassé notre parapluie!...

DENISE.

C'est le vent qui s'est engouffré dessous.

M. DENIS.

Là, encore un parapluie flambé!

Mad. DENIS.

Elle n'en fait pas d'autres.

M. DENIS.

Allons, allons, n'allons pas nous fâcher pour si peu de chose.

Mad. DENIS.

C'est çà : si je vous écoutais, nous en ferions un joli sujet ! Approchez, mademoiselle, que je vous lave la tête.

DENISE.

Encore, ma mère !

Mad. DENIS.

Que faisiez-vous tout-à-l'heure au coin de la rue, par le temps qu'il fait ?

DENISE à part.

On nous a vus... (*haut.*) Moi, ma mère ?

Mad. DENIS.

Oui, mademoiselle, vous-même ; au coin de la rue du Foin, devant la boutique du traiteur.

M. DENIS.

Et te voilà trempée comme une soupe !

Mad. DENIS.

Eh ! bien, me direz-vous avec qui vous causiez ?

M. DENIS.

Oui, avec qui causais-tu ?

DENISE.

Mon père, c'est Monsieur....

Mad. DENIS.

Ce n'est pas votre père qui vous interroge, c'est moi !..

DENISE

Eh ! bien, ma mère ; c'est notre cousin Hilaire...

Mad. DENIS.

Le fils de madame Caquet !

DENISE.

Qui est garçon limonadier.

M. DENIS.

Chez M. Chicorée, nous savons cela. Eh ! bien, de quoi te parlait-il ?

DENISE.

Mais, mon père, de la pluie et du beau-tems.

M. DENIS.

Tu vois que leur conversation était bien innocente.

DENISE.

Et craignant que mon papa ne fut malade, parce qu'il n'a pas envoyé chercher de café depuis quinze jours, il me demandait des nouvelles de sa santé....

M. DENIS.

Ah! bien, oui, du café!

DENISE.

Voulez-vous que j'aille en chercher une demi-tasse, mon papa?...

Mad. DENIS.

Oui, oui; mais avant, approche cette table, n'est-il pas vrai, mon chou? puisque nous ne sortons pas, il faut bien faire quelque chose.

M. DENIS.

Si un cent de piquet peut te faire plaisir.

Mad. DENIS.

Vous savez bien que le jeu de cartes n'est pas complet et qu'il manque l'as de pique et la dame de cœur, que vous avez coupés l'autre jour pour faire des cartes de visite.

M. DENIS.

Eh! bien, jouons au loto.

Mad. DENIS.

Jouons au loto.

AIR : *Allons au Pré St.-Gervais.*

Le piquet, le domino
Avaient jadis l'art de me plaire ;
A présent je leur préfère
Le jeu plus savant du loto.

M. DENIS et Mad. DENIS.

Le piquet, etc.

DENISE.

Quoiqu'une fille, à mon âge,
Ne sache pas tous les jeux,
Je crois que le mariage
Me plairait mieux.

M. DENIS et Mad. DENIS.

Le piquet, etc.

Mad. DENIS.

Dès qu'on a marqué le terne,
Quel plaisir! et quel tic-tac,
Lorsque l'on voit le quaterne
Sortir du sac.

M. DENIS et Mad. DENIS.

Le piquet, etc.

De ce jeu qui me ruine
Je suis toujours mal venu,
Et jusqu'à présent le quine
M'est inconnu.

M. et Mad. DENIS.	DENISE.
Le piquet, le domino	Je ris de leurs plaisirs faux,
Avaient jadis l'art de me plaire,	Et secrètement je préfère
Mais aujourd'hui je préfère	Un soupir, un mot d'Hilaire
Le jeu plus charmant du loto.	Aux quatre-vingt-dix numéros.

(*Denise sort.*)

SCENE IV.
M. et Mad. DENIS.

Mad. DENIS.

Voilà qui est prêt..... asseyons nous. (*Ils s'asseyent.*) qui est-ce qui tirera les numéros ?

M. DENIS.

Moi, m'amour.

Mad. DENIS.

Voici votre carton et voilà le mien.

M. DENIS.

Les avez-vous bien mêlés ? Ah ! c'est celui que j'avais l'autre jour, je reconnais la ligne de mon terne, voyons si il sera aussi heureux ce soir. (*Il tire et nomme.*) 65. Justement l'année de mon bonheur, celle où j'épousai Mad. Denis, après dix ans d'une cour assidue.

Mad. DENIS, *ennuyée de ne pas marquer*.

Vous débutez joliment !

M. DENIS.

Patience.

Mad. DENIS.

Je gage que cette petite fille va être deux heures à revenir.

M. DENIS, *tirant et nommant les numéros*.

Vous croyez-donc toujours, 17, qu'elle a du goût pour ce petit Hilaire, à-la-fois notre cousin et notre filleul ?

Mad. DENIS.

Si je le crois ! oh ! ce n'est pas moi qui m'y trompe, et pour vous déchiffrer un amoureux, j'ai deux yeux qui en valent. . . . .

M. DENIS, *tirant et nommant le numéro*.

1. . . . Oh ! je sais bien que vous vous y connaissez !

Mad. DENIS, *marquant le numéro 1*.

Voilà que je commence. . . . .

M. DENIS.

Et à l'âge de Denise, plus de soixante soupirans vous adressaient leur hommage.

Mad. DENIS.

Oui, mais combien en ai-je écouté ?

M. DENIS, *tirant et nommant le numéro.*

59....

Mad. DENIS.

Cinquante-neuf !.... que voulez-vous dire ?

M. DENIS.

Eh ! parbleu, ce que je veux dire, 59. Marquez donc, cela vous fait une ambe.

Mad. DENIS.

Ah ! j'y suis !.... et vous, est-ce qu'il ne vous vient rien ?

M. DENIS.

Un pauvre extrait ; mais vous savez le proverbe, heureux en femme.....

Mad. DENIS.

Comment donc, de la galanterie ? M. Denis, mais c'est charmant !

M. DENIS.

C'est qu'aujourd'hui, je ne sais si c'est votre coiffure qui fait cela, on vous donnerait, je ne dirai pas quinze ans.

Mad. DENIS.

Je ne vous croirais pas ; mais combien, là sans flatterie ?....

M. DENIS, *nommant le numéro qu'il tire.*

80.

Mad. DENIS.

Quatre-vingt !

M. DENIS.

Oui, est-ce que cela vous ferait quelque chose ?

Mad. DENIS.

Comment ! si cela me ferait quelque chose !

M. DENIS.

Tant mieux pour vous. On vous donnerait de 30 à 35 ans, pas davantage.

Mad. DENIS.

Ah !.... le diable soit des numéros.

M. DENIS, *nommant les numéros qu'il tire.*

Aussi je me trouve près de vous.... 11.

Mad. DENIS.

Eh ! bien, vous vous trouvez près de moi...

M. DENIS, *marquant.*

Je l'ai.

Mad. DÉNIS.

Gelé. . . . . Ah !

M. DENIS, *tout en baillant et s'endormant.*

Et si vous voulez me rendre justice, vous conviendrez qu'aujourd'hui en vous regardant, j'ai l'air plus gaillard qu'à mon ordinaire, 24. . . . . le regard. . . .

Mad. DENIS, *marquant.*

Terne.

M. DENIS.

En vérité !.... et moi je n'ai pas encore un ambe.

SCENE V.

M. et Mad. DENIS, HILAIRE et DENISE.

(*Hilaire a une corbeille où est une caffetière, une demi-tasse et quatre petits morceaux de sucre dans une soucoupe.*)

HILAIRE *à Denise.*

Ils jouent, et ne nous voyent pas.

M. DENIS.

99. . . .

Mad. DENIS.

Qu'est-ce que vous dites donc, il n'y a que 90 numéros ?

M. DENIS.

Dam ! regardez.... 99.

Mad. DENIS.

Je le crois bien, vous mettez les queues en bas, mais mais comme ça, combien cela fait-il ?

M. DENIS.

C'est juste, 66.

HILAIRE.

Pendant qu'ils sont occupés de leur jeu, ma chère Denise, encore un baiser ?

Mad. DENIS.

Je crois en vérité que vous dormez.

DENISE.

Vous m'en avez déjà pris deux sur l'escalier, combien vous en faut-il donc ?

M. DENIS, *annonçant.*

50.

HYLAIRE.

Tu l'entends, c'est ton père qui le dit.

(*Moment de silence pendant lequel Hilaire embrasse Denise, et M. Denis s'assoupit*).

Mad. DENIS.

Eh! bien, tirez donc, M. Denis...

M. DENIS, *s'éveillant.*

Hem!... est-ce le quine?

Mad. DENIS.

Ah! bien oui, le quine; de la manière dont vous y allez, j'ai le tems de l'attendre.

M. DENIS.

33. Pour en revenir à nos jeunes gens, est-ce que tu crois, mignonne, que s'ils s'aimaient tout de bon, ce mariage là....

Mad. DENIS.

N'aurait pas le sens commun.

HILAIRE.

Qu'est-ce qu'ils disent donc?

M. DENIS.

Et pourquoi cela, ma chatte? Hilaire n'est-il pas intelligent, bon travailleur et fils de notre cousin Caquet, riche marchand de cuirs?

Mad. DENIS.

Oui, mais Hilaire est garçon limonadier, c'est-à-dire bavard, paresseux et libertin.

DENISE.

Vous l'entendez? c'est ma mère qui parle.

Mad. DENIS.

Et tenez, vous voyez comme Denise s'empresse de revenir; je gagerais cent contre un, que c'est ce petit drôle qui la retient, et qu'il cherche à la détourner du droit chemin; mais qu'elle tarde encore deux minutes à rentrer et je lui défends de remettre les pieds chez M. Chicorée.

DENISE, *très-vivement.*

Voici le café, maman.

M. DENIS.

Ah! madame Denis, vous n'avez pas le plus petit mot à dire. Est-il bien chaud?

HILAIRE.

Il brûle, mon cousin.

Mad. DENIS.

Eh ! mais, puisque le voilà tout porté, il faut tirer cela au clair.

HYLAIRE.

Le café, ma cousine ?

Mad. DENIS.

Eh ! non, monsieur le calin ; c'est quelque chose de plus important.

HILAIRE, à Denise.

Nous y voilà.

QUATUOR.

Air du Duo de Raoul de Créqui.

Mad. DENIS à Hilaire.

On dit que vous aimez Denise ?

M. DENIS à sa fille.

Hilaire ne te plait-il pas ?

Mad. DENIS à Hilaire.

Parlez, parlez avec franchise.

M. DENIS à sa fille.

Allons, réponds avec franchise.

DENISE, HILAIRE.

Ah ! quel embarras (ter.)
Cher Hilaire, }
Ah ! Denise, } quel embarras !

Mad. DENIS.

Eh ! bien, parlerez-vous enfin ?

M. DENIS.

Quel air tremblant !

Mad. DENIS.

Quel air mutin !
Je vous l'ordonne ; répondez.

M. DENIS.

Paix donc, vous les intimidez.

Mad. DENIS.

C'est que je suis d'une colère...

DENISE ET HILAIRE.

Faut-il parler, faut-il se taire ?
Ah ! nous tombons à vos genoux,
Pardonnez-nous.

Mad. DENIS.

Avais-je tort, monsieur Denis.

M. DENIS.
Qu'y faire, madame Denis.
Mad. DENIS.
Il faut qu'ils soient punis.
C'est la décence qui l'ordonne.
M. DENIS.
Il faut qu'ils soient unis ;
M'amour, ne chagrinons personne.
M^{ad}. DENIS.
A dix-huit ans aimer déjà !
M. DENIS.
Nous avons tous passé par-là.
M^{ad}. DENIS.
Pour notre front.
M. DENIS.
Allons, mignonne.
M^{ad}. DENIS.
Ah ! quel affront !
M. DENIS.
Allons, pomponne.
M^{ad}. DENIS.
Ils me le payeront !
M. DENIS.
Et moi, je leur pardonne.

Ensemble.
{
HILAIRE, DENISE.
Pardon, pardon.
M. DENIS.
Vous perdez la raison.
M^{ad}. DENIS.
J'en perdrai la raison.
}
Je bous de colère.

M. DENIS, qui s'est approché de la table et tâte le café.

Et voilà le café tout froid.... (à Denise.) Allons, ma petite, ne pleure pas ; et fais-le réchauffer.
(Denise prend la cafetière, et vient placer devant le feu.)
Mad. DENIS à Hilaire.
Et vous, monsieur, sortez.

HILAIRE *à part.*

Oh la bonne idée !

(*à Mad. Denis.*)

Air : *Charmante Gabrielle.*

Denise est votre ouvrage,
Elle a su me charmer ;
Denise est votre image,
Comment ne pas l'aimer ?
Aujourd'hui tout conseille
D'être indulgent,
Se fâche-t-on la veille
De la St.-Jean ?

Mad. DENIS.

De la St.-Jean !
(*Elle va chercher le calendrier qui est auprès de la cheminée.*)

M. DENIS.

De la St.-Jean !

DENISE.

La fête à papa !

HILAIRE.

N'est-ce pas aujourd'hui le 23 juin ?

M. DENIS.

La veille du 24.... juste.

Mad. DENIS, *replaçant le calendrier.*

Il a ma foi raison !.. embrasse-moi, mon petit Hilaire... Et toi, ma chère Denise !... (*à son mari, en lui faisant la révérence*). M. Denis, voulez-vous bien permettre ?
(*Elle embrasse son mari*).

HILAIRE *à part.*

Comme la fête est venue à propos !

DENISE.

Tout est oublié.

M. DENIS *prenant sa tabatière.*

Air : *Fanfare de St.-Cloud.*

Vous connaissez cet usage,
N'y manquez pas, s'il vous plaît.

Mad. DENIS.

Au point du jour je m'engage
A vous offrir mon bouquet.

M. DENIS.

Un bouquet en vaut un autre.

DENISE *retirant la cafetière du feu.*

Il est assez réchauffé.

3

M. DENIS *à sa femme.*

Et je vous promets le vôtre.

Mad. DENIS *à son mari.*

Prenez donc votre café.

M. DENIS.

Je ne le prendrai qu'à condition que tu en accepteras la moitié, ma mignonne.

Mad. DENIS.

Air : *C'est à mon maître en l'art de plaire.*

Vous voudriez que j'acceptasse !...
Non, j'en priverais mon époux.

M. DENIS.

Voudrais-tu seul que j'y goutasse ?

Mad. DENIS.

On ne l'apporte que pour vous.

M. DENIS.

Ah ! partage ma demi-tasse,
Ton plaisir n'est-il pas le mien ?

Mad. DENIS.

Pour peu que je vous en ôtasse,
Il ne vous resterait plus rien.

M. DENIS.

Tu sais bien, bobonne, que la veille de ma fête, je suis toujours assez agité....

Mad. DENIS.

Vous le voulez !. (*Elle prend la caffetière et se verse.*)
Ah ! mon dieu ! qu'il est clair !

M. DENIS, *versant à son tour.*

Eh ! mais, cela ne finit pas. (*A Hylaire.*) Qu'est-ce donc que tu nous as apporté, toi ?

HILAIRE.

Ce que mademoiselle Denise m'a demandé, mon cousin.

M. DENIS.

Une demi-tasse ne remplit pas la caffetière.

DENISE, *bas à Hylaire.*

Ah ! je vois ce que c'est !.... il n'y avait pas de couvercle, et tandis que nous causions sous la gouttière...

Mad. DENIS, *buvant.*

Mais c'est de l'eau.

M. DENIS.

Celui-là ne m'empêchera pas de dormir... Allons, allons, mes enfans, apportez des tasses, nous pouvons nous régaler, il y en a pour tout le monde.

DENISE.

Mon père, ça ne vaut rien... pour nous.

Mad. DENIS.

C'est juste. Ah! ça, Hylaire, je vous pardonne votre amour pour ma fille en faveur de St.-Jean; mais j'espère que l'année prochaine, je n'aurai pas le même reproche à vous faire. (*A M. Denis.*) Ah! ça, est-ce que tu es d'avis de jouer encore, cher ami?

M. DENIS.

Ma foi, non.

Mad. DENIS.

En ce cas, Denise, rangez cette table, et vous Hilaire, faites-nous le plaisir de nous souhaiter le bon soir.

HILAIRE.

Bonne chance, ma cousine. (*Il l'embrasse.*) Bonne fête, mon cousin. (*Il l'embrasse.*)

Mad. DENIS, *flattée du baiser d'Hilaire*

C'est que ce petit drôle-là est aimable quand il veut!

M. DENIS.

Vous trouvez!.... allons, allons, va-t-en, petit fripon, et songe à être plus sage désormais.

HILAIRE, *embrassant Denise.*

Oh! me voilà bien corrigé, mon cousin.

(*Il regarde tout le monde et s'appercevant qu'on ne le voit pas, il se glisse furtivement derrière le canapé; puis après dessous.*)

Mad. DENIS.

Ah! ça, cher ami, veux-tu que je te coiffe de nuit?

M. DENIS.

Toujours de nouvelles complaisances.

Mad. DENIS, *à sa fille*.

Denise, va chercher le bonnet de nuit de ton père.

(*M. et Mad. Denis vont s'asseoir sur le canapé.*)

HILAIRE *à part*.

Comment! ils viennent s'asseoir pour bavarder encore!.. oh! je les ferai bien déguerpir.

M. DENIS.

Par exemple!.... je suis bien étonné que monsieur et madame Caquet ne nous aient pas fait l'amitié de venir ce soir me souhaiter ma fête; c'est la première fois qu'ils y manquent, et je suis piqué au vif.

(*Au même instant Hilaire le pique avec une épingle; M. Denis croit que c'est une mouche, et frappe sa jambe.*)

Mad. DENIS.

Peut-être a-t-il quelque livraison de cuirs à faire, et puis le temps est affreux!.... la course est longue!

M. DENIS.

La course!... la course! eh! qui les prie de la faire à pied!..... (*Même jeu de la part d'Hilaire.*) Encore!.... Je me plais à croire que ce ne serait pas la première fois qu'on aurait pris un fiacre pour moi.

(*Denise est revenue, elle a remis à Mad. Denis le bonnet de nuit de son mari, celle-ci coiffe M. Denis, que le jeune Hilaire continue de piquer de tems en tems.*)

AIR : *Oui noir n'est pas si diable.*

C'est une chose unique;
Ce logis en est plein.

Mad. DENIS.

Quelle mouche vous pique?

M. DENIS.

Parbleu c'est un cousin,
Parbleu (*bis*) c'est un cousin.

Mad. DENIS.

J'ai pris pour la St.-Jean
Un plus joli ruban.

(*Elle prend un ruban jaune et en entoure le bonnet*).

Ma peine est inutile
Restez donc immobile.

M. DENIS.

Me voilà plus tranquille
Allons dépêchez-vous.

(*Le coucou chante*).

M. DENIS.

Coiffez bien (*bis*) votre époux.

(*Huit heures sonnent*).

Déjà huit heures ! m'amour, c'est l'instant...

Mad. DENIS, *soupirant*.

Du sommeil.

M. DENIS

Air : *Je vous attends dans l'ombre de la nuit.*

Rentrons, rentrons dans cet heureux réduit,
L'amour m'appelle et l'hymen me conduit.

HILAIRE.

Elle le suit, (*bis*)

M. DENIS.

Viens donc ; viens vite, le tems fuit. (*bis*)

Mad. DENIS, *à sa fille.*

En vous couchant, ne faites pas de bruit.

DENISE, *à ses parens.*

Je vous souhaite une bien bonne nuit.

TOUS.

Bonne nuit.

(*M. et Mad. Denis rentrent dans la chambre à coucher.*)

SCENE VI.

DENISE, HILAIRE, *caché.*

DENISE.

Se coucher à huit heures et quand on a si peu envie de dormir !..... encore s'ils me permettaient d'avoir un peu de lumière, je relirais tous les billets de ce pauvre Hilaire.... heureusement que je n'ai pas besoin de cela pour penser à lui.

Air : *J'apprends qu'un jeune prisonnier.* (*une Heure de folie.*)

Chaque nuit un riant tableau
Du bonheur m'offre le présage,

Chaque nuit un songe nouveau
Ajoute à cette douce image,
Aux charmes trompeurs du plaisir,
Mon cœur se livre sans défense,
Mais bientôt avec le désir,
Le réveil me rend l'innocence.

Allons, il faut bien s'y décider.

(*Elle va pour entrer dans sa chambre ; mais elle aperçoit Hilaire qui est sorti de dessous le canapé et qui lui barre le chemin ; elle jette un cri de surprise.*)

DENISE.

Vous ici !.... et par où êtes-vous entré ?

HILAIRE.

Je ne suis pas sorti.

DENISE.

Comment ?

HILAIRE.

J'étais là.

DENISE.

Mais enfin, quel était votre dessein, en restant ici ?

HILAIRE.

De nous concerter ensemble sur le cadeau que nous ferons à ton père pour sa fête.

DENISE.

O ciel !.... quelle imprudence ! nous sommes perdus si l'on nous entend.

HILAIRE.

Qui ?.... ton papa et ta maman ! oh ! sois tranquille.

Air : *Il n'est pas tems de nous quitter.*

Rien ne peut troubler leur sommeil,
Qu'est-il besoin de nous contraindre ?
Jusques au lever du soleil,
Crois-moi, nous n'avons rien à craindre.
Près d'eux on battrait le tambour,
Qu'ils ronfleraient la nuit entière :
Un soupir éveille l'amour,
L'hymen dort au bruit du tonnerre.

(*On frappe doucement.*)

HILAIRE.

On frappe... qui peut venir chez M. Denis à l'heure

qu'il est ? (*Il va ouvrir ; M. Caquet entre.*) C'est mon père !

SCENE VII.
HILAIRE, DENISE, M. CAQUET.

M. CAQUET.

Ah ! mon dieu !... ai-je été z'assez cahotté !... (*à Denise.*) Le papa z'et la maman dorment-ils ?

HILAIRE.

Depuis une demi-heure, mon père.

M. CAQUET.

Comment !... te voilà z'ici, toi !.... et qu'y viens-tu faire ?

HILAIRE.

Mais vous-même, mon père, quel sujet vous y amène ?

M. CAQUET.

N'est-ce pas demain la Saint-Jean.... la fête de ton parain ! nous avons fermé la boutique à huit heures ; j'ai laissé là mes cuirs, et j'ai dit z'à ta mère : je vais t'aller louer z'un fiacre et nous irons la souhaiter bonne et heureuse au compère Denis.

DENISE.

Je vous en remercie d'avance pour eux.

CAQUET.

Ah ! çà, mes enfans, vous dites donc qu'ils dorment suffisamment pour ne rien entendre !..... en ce cas, je va t'au devant de ma petite femme qui m'attend z'avec les paquets.

HILAIRE.

Les paquets !...

CAQUET.

Chût !... c'est z'une surprise.

DENISE.

Ah! mon dieu! comme mon papa sera content!

CAQUET, *appellant.*

Femme!.... femme!... tu peux venir.

SCENE X.

Les Mêmes, Mad. CAQUET.

M^{ad}. CAQUET.

Air : *Nous verrons à ce qu'il dit.* (*de Bancelin.*)

Prends bien vite ce paquet,
Monsieur Caquet,
Je suis en nage,
J'ai pensé me trouver mal,
Car j'ai la charge d'un cheval.
Ouf, je n'en puis plus,
J'ai les bras rompus ;
Ce que c'est pourtant que l'âge,
Caquet le dira,
A vingt ans, oui dà,
J'ai porté plus lourd que ça.

Ensemble.

Mad. CAQUET.	CAQUET.
Prends bien vite ce paquet,	Paix donc, madame Caquet,
Monsieur Caquet,	Ou c'en est fait
Je suis en nage,	De notre ouvrage ;
J'ai pensé me trouver mal,	Votre babil infernal
Car j'ai la charge d'un cheval.	Fera tant que tout ira mal.

M. DENIS, *de sa chambre.*

Eh! mais, j'entends du bruit dans le sallon.... qui est là? qui est là?

M^{ad}. CAQUET.

C'est nous, mon compère.

CAQUET.

Paix donc!... vous ébrutiez tout.

M^{ad}. CAQUET.

Je me tais.

M. DENIS.

C'est la voix de madame Caquet?

Mme CAQUET.

Justement.... c'est moi et mon mari qui nous sommes rappellés que c'est demain la Saint-Jean, et quoiqu'il fît un tems à ne pas mettre un chat dehors, nous sommes sortis et avons fait avancer un fiacre pour accourir à toutes jambes, vous souhaiter une bonne fête, et vous emmener souper à la maison....

M. DENIS.

Souper!... je suis à vous mes amis, je suis à vous.

CAQUET.

Fort bien, z'il va venir.

M{sup}ad{/sup}. CAQUET.

Eh! bien, mes enfans, et les amours?.... En avez-vous parlé au compère Denis?... ce n'est pas l'embarras, pour lui, nous en ferons tout tout ce que nous voudrons!... mais c'est la commère!... ah! dam, la commère a une tête!...

DENISE.

Ah! çà, je vous en réponds qu'elle en a une!... elle a tout appris et elle ne veut rien entendre.

M{sup}ad{/sup}. CAQUET.

Bah!...

HILAIRE.

Elle dit que je suis un paresseux, un bavard, un libertin; enfin que je suis trop avancé pour mon âge.

M{sup}ad{/sup}. CAQUET.

Trop avancé!

AIR *de la parole*.

Eh! quoi, c'est pour cette raison,
Qu'elle veut retarder la noce,
Est-ce un crime dans un garçon
D'avoir l'esprit un peu précoce.
Moi, j'ai recherché de tout tems
Les jeunes gens prompts à s'instruire,
J'aime mieux dix petits savans
Qu'une bête de soixante ans,
Voilà mon mari (*bis*) pour le dire.

CAQUET.

C'est vrai, madame Caquet z'a toujours eu t'un faible pour l'érudition, c'est pourquoi z'elle m'a choisi.

Mad. CAQUET.

Au reste, mes petits amis, tranquillisez-vous, je me fais fort d'amener la commère à récipissence.... ; nous avons apporté avec nous de quoi l'éblouir ; mais cela ne suffit pas, vous, de votre côté, mes enfans il faut faire quelque chose qui la flatte, et un petit cadeau à son mari ne laissera pas que de l'amadouer.

HILAIRE.
Sans doute ; mais que lui donner ?

CAQUET.
Eh ! mon dieu, z'un rien lui fera sensation.

Mad. CAQUET.
Air : *la loterie est la chance.*

Hâtez-vous l'idée est bonne
Il est assez reconnu
Qu'aujourd'hui celui qui donne
Est toujours le bienvenu.

Ensemble.

Hâtons-nous } l'idée est bonne, etc.
Hâtez-vous }

M. CAQUET.

Pour reporter le vieux drille
A ses premières amours,
(*à Hilaire*). Achette un pâté d'anguille.

Mad. CAQUET, *à Denise.*

Et toi des pruneaux de Tours.

Ensemble.

Hâtons-nous } l'idée est bonne etc.
Hâtez-vous }

(*Denise et Hilaire sortent*).

CAQUET.
Chût... voici M. Denis.

(*Il prend son bouquet dans le carton, Mad. Caquet prend de plus l'habit jaune*).

SCENE XI.
M. et Mad. DENIS, M. et Mad. CAQUET.

M. DENIS.

Eh ! bon soir donc, mes amis ; quel plaisir de vous voir à l'heure qu'il est ?

M. et Mad. CAQUET.

Air nouveau.

Bonne fête
Mon cher ⎫ Denis
Monsieur ⎭
Avec plaisir mon cœur ⎰ te ⎱ la souhaite.
⎱ vous ⎰
Bonne fête
Mon cher ⎫ Denis
Monsieur ⎭
Que par le ciel tous ⎰ vos ⎱ jours soient bénis.
⎱ tes ⎰

Mad. CAQUET.

De l'amitié j'accepte le symbole,
Le sentiment a cueilli ce bouquet ;
Ah que n'a-t-il comme moi la parole,
Tout comme moi chaque fleur te dirait.

Ensemble.

Bonne fête
Mon cher ⎫ Denis
Monsieur ⎭
Avec plaisir, mon cœur ⎰ vous ⎱ la souhaite.
⎱ te ⎰
Bonne fête
Mon cher ⎫ Denis
Monsieur ⎭
Que par le ciel tous ⎰ vos ⎱ jours soient bénis.
⎱ tes ⎰

M. DENIS.

Ce pauvre Caquet, il s'est bien ressouvenu que j'étais un Jean...

CAQUET.

Bon, il n'y a t'aucun mérite à çà ; c'est z'une habitude de vingt ans.

M. DENIS.

Aussi, tu sais qu'à la Saint-Fiacre, je ne te manque jamais.

Mad. DENIS.

En vérité, cousine, je suis confuse de vos attentions pour mon mari ; çà n'en valait pas la peine...

Mad. CAQUET.

Nous venions vous chercher pour souper ; mais il ne fallait pas vous lever pour çà.

M. DENIS.

Ah! çà, depuis que je ne t'ai vu, comment vont les cuirs?

CAQUET.

Mais j'en ai débité z'assez depuis quelque tems.

M. DENIS.

Ah! tant mieux.

CAQUET.

Je viens d'en envoyer z'une fourniture au premier régiment de Cuirassiers, qui, pour la durée z'et la solidité me fera z'un peu d'honneur.

Mad. CAQUET.

Et laissez cela; quand vous parlez de vos cuirs, vous en avez plein la bouche. Permettez, mon cousin, que je vous offre...

M. DENIS.

Comment! un paquet?

CAQUET, à Mad. Denis.

Celui-ci z'est à votre adresse.

Mad. DENIS.

Eh! mais compère, vous n'y pensez pas, la Sainte-Anne ne tombe que dans le mois de juillet.

CAQUET.

La Sainte-Anne tombe tous les jours quand il s'agit de feter z'une parente aussi aimable.

M. DENIS.

Peut-on au moins savoir qu'est-ce?...

Mad. CAQUET, l'emmenant au coin du théâtre.

Chût!

Mad. DENIS.

Quel est donc l'objet renfermé dans ce carton?

CAQUET bas à Mad. Denis.

C'est z'un rien.

Air : *Des brunes j'étais amoureux.* (*Amour filial.*)

Ensemble.
{
M. CAQUET, *à Mad. Denis.*
Passez dans votre cabinet,
Ouvrir ce carton en secret.
Mad. DENIS.
Mais que contient-il, je vous prie?
M. CAQUET, *mystèrieusement.*
Une robe z'en satin blanc.
Mad. DENIS.
A souvenir doux et touchant
Le présent est vraiment charmant !
Pour rappeller l'époque trop chérie,
Qui serra notre heureux lien,
Je vais l'endosser mal ou bien,
(*Montrant son époux*).
Mais à mon rat n'en dites rien.
Mad. CAQUET, *à M. Denis.*
Passez dans votre cabinet,
Ouvrir en secret ce paquet,
M. DENIS.
Mais que contient-il, je vous prie ?
Mad. CAQUET.
Un habit jaune en bouracan.
M. DENIS.
O souvenir doux et touchant !
Le présent est vraiment charmant.
Ah! pour surprendre ma moitié chérie,
Je vais l'endosser mal ou bien,
Dieux quel plaisir sera le sien !
(*Montrant son épouse.*)
Mais que mon chat n'en sache rien.
}

SCÈNE XIII.

M. et Mad. CAQUET.

Mad. CAQUET.

Ces bons époux !... en vérité ce sont de vieux enfans....

CAQUET.

Ma femme ! nous n'avons t'encore fait que la moitié de la besogne ; il nous reste les bougies à allumer, les guirlandes à poser, les plaques à placer.... il faut z'enfin que tout leur rappelle un jour qui leur fût bien cher, et que leur surprise soit complette.

(30)

M^{ad}. CAQUET.

Tu as raison, M. Caquet.

AIR : *Contredanse du Petit Volage.*

Vite, cher Caquet,
Bouquet,
Quinquet,
Que tout soit prêt,
Et qu'à l'œillet
La rose avec grâce
S'enlace.

De nos amis,
Charmés, ravis,
Trompant les yeux
Par mille feux,
Enivrons-les ;
Transportons-les
Dans un palais.

Ces fleurs,
Par leur éclat, par leurs couleurs,
De la jeunesse en eux
Vont réveiller les premiers feux.
Tous deux,
Croyant serrer de nouveaux nœuds,
Vont rajeunir
De souvenir.

Ensemble.

Vite, cher Caquet, etc.

CAQUET.

Parle donc plus bas ; tu es une femme cruelle pour crier.

Mad. CAQUET.

Crier, crier... à peine si je m'entends.

SCENE XIV.

Les Mêmes, DENISE et HILAIRE, *apportant leurs cadeaux.*

DENISE ET HILAIRE.

AIR : *vive un tembourin.*

Mon dieu ! quelle fête !
Ici s'apprête,
Que monsieur Denis
Sera surpris.
A cette vue
Imprévue,
Le cher papa
Se croira
A l'Opéra.

CAQUET.

Air : *toujours le même.*
De ce salon nous ferons t'un bocage,
On y rira,
Chantera,
Dansera.
Hilaire nous jouera
Le menuet d'usage,
Ensuite on walsera :
En un mot ce sera
Un bal champêtre au quatrième étage.

Mad. CAQUET.

Silence, ils vont venir ; laissez-là vos présens, et venez nous aider.

DENISE et HILAIRE.

De tout mon cœur.

Air *du vaudeville de Mad. Scarron.*

TOUS.

Décorons, éclairons ce salon gothique,
Que le goût
Surtout
Eclate et domine partout.
Mais chassons (*bis*) ce ton léthargique
Que dans leur salon
Les riches nomment le bon ton.

HILAIRE.

Dans ces fêtes où l'or brille,
Où l'étiquette conduit,
Quelquefois l'esprit pétille ;
Mais toujours la gaîté fuit.
Le vin échauffe les têtes,
Les cœurs sont indifférens ;
Il n'est de bonnes fêtes
Que chez les bonnes gens.

TOUS.

Décorons, éclairons etc.

CAQUET.

Sur z'une table couverte
De vins et de mets exquis
La bouche est z'à peine ouverte,
Que déjà z'ils sont partis.
De glouton, d'ivrogne on traite
Qui boit z'ou mange long-tems,
Il n'est de bonne fête
Que chez les bonnes gens.

TOUS.

Décorons, etc.

DENISE.

A la fête d'un bon père,
Ce n'est rien que de l'aimer,
On est forcé de se taire

Si l'on ne sait pas rimer,
Les vers d'un mauvais poète
Y font parler les enfans,
Il n'est de bonne fête
Que chez les bonnes gens.

TOUS.
Décorons, etc.

M^ad. CAQUET.
Y prenez-vous la parole?
On vous l'enlève aussitôt,
Et l'on vous appelle folle
Si vous ajoutez un mot,
Ma foi c'est très-incommode,
Pour qui veut parler long-tems,
Il n'est de bonne fête
Que chez les bonnes gens.

TOUS.
Décorons, etc.

SCENE XV.

M. et Mad. CAQUET, DENISE, HILAIRE, M. DENIS, *entrant d'un côté*, Mad. DENIS, *de celui opposé.*

(*M. Denis est en habit jaune en bourgeon, pareil à celui de ses noces; sa femme est en robe de satin blanc. Ils s'apperçoivent l'un et l'autre, et restent immobiles de surprise.*)

Mad. DENIS.
Dieux !

M. DENIS.
Ciel !

Mad. DENIS.
Quel habit !

M. DENIS.
Quelle robe !

M. et Mad. DENIS, *avec la plus grande émotion.*
Où me reportez-vous, mes amis !

M^ad. DENIS.

Air : *Monseigneur, vous ne voyez rien.*

Monsieur Denis joignait jadis,
Aux graces d'une belle tête,
Un maintien fier, des yeux hardis,
Un beau port, un air de conquête ;
Voilà comme il était vêtu
Quand il subjugua ma vertu !
Ah ! ah ! qu'il est bien là
Et pourtant vous ne voyez rien.

M. DENIS.
Même air.
Madame Denis possédait
Tout ce qui séduit au bel âge ;
Ah ! que de pièges nous tendait
Sa taille, son joli corsage.
Sous cette robe qu'elle mit
Le jour que l'hymen la soumit,
Hein ! hein ! qu'elle est bien !
Et pourtant vous ne voyez rien.

Qu'apperçois-je encore ?... étonnement sur surprise !... te rappelles-tu, mignonne, le jardin de ta grand maman ?

M^{ad}. DENIS, *avec un soupir.*

Où tu dansas avec moi le menuet qui ouvrit le bal de nos nôces.

M. DENIS.

C'est le même ; si ce n'est qu'il n'y a pas d'arbres dans cette chambre.

M^{ad}. CAQUET.

Eh ! bien sans me flatter, l'habit, la robe, les plaques, sont de mou invention, il n'y a que les roses qui ne m'appartiennent pas.

CAQUET.

Oui, c'est moi qui ai pensé ce matin à la suspension des roses, en tannant z'un cuir.

M^{ad}. CAQUET.

Il ne manque pour completter l'illusion que le menuet dont vous parliez tout à l'heure.

M. DENIS.

Eh ! bien, chachatte, qui nous empêche ?

M^{ad}. DENIS.

Sans violons ?....

M. DENIS.

As-tu oublié ma clarinette dont je joue tous les dimanches.... oui ; mais je fais une réflexion : c'est que je ne pourrais pas jouer d'une main et danser de l'autre.

CAQUET.

Et notre fils, donc.

M. DENIS.

Est-ce qu'il en soufflerait par hazard ?

CAQUET, *avec importance.*

Mon dieu non, z'excepté seulement que lorsqu'il vient nous voir, il fait les délices de toutes les oreilles de la rue des Martyrs.

M^ad. CAQUET.

Allons, mon garçon, prends la clarinette et accorde-toi.

DENISE, *bas à M. Caquet.*

Et le pâté, et les prunaux?

CAQUET.

Je les garde pour la bonne bouche.

M^ad. DENIS.

Toi, Denise, prends le tambour de basque, cela ronfle mieux.

CAQUET.

Allons, allons, mon violon, et ferme sur l'hanche.

(*M. et Mad. Denis se placent; ils dansent tandis que Hilaire et Denise jouent, l'un de la clarinette, l'autre du tambour de basque; après le menuet et dans le moment où M. et Mad. Denis sont en attitude, Hilaire et Denise leur offrent les présens qu'ils ont acheté.*)

M. DENIS.

Un pâté d'anguille!

M^ad. DENIS.

Des pruneaux de Tours.

TOUS DEUX.

C'est pour en mourir!...

DENISE et HILAIRE.

Air *du vaudeville d'Arléquin Musard.*

Ces lieux chers à votre pensée,
Par mille souvenirs d'amour,
N'offrent qu'une image glacée,
Qui va s'éteindre avec le jour.
Que votre bonheur se répète
Dans le bonheur de votre enfant;
Au lieu d'une image muette,
Vous aurez un tableau parlant.

Mad. DENIS *unissant Hilaire et Denise.*

Ah! ma pauvre petite Denise, puisse-tu être aussi heureuse que moi.

Mad. CAQUET.

J'étais sûre de ça, et si je n'avais pas parlé...

CAQUET.

Tais-toi... Mon cher cousin et cousine, ce n'est pas pour vous chasser, mais le souper nous attend, le dindon doit z'être cuit; profitons du fiacre qui a porté nos paquets; il est z'assez grand pour nous contenir, et allons finir gaîment la nuit rue des Martyrs.

VAUDEVILLE.

AIR : *Que Pantin serait content.*
Ah ! que mon cœur est content.
Le seul vœu qu'il ait à faire,
C'est que tous les jours de l'an
Nous ramènent la Saint-Jean.

Mad. DENIS.

AIR : *Gai, gai, mes chers amis.*
Pour que de la Saint Jean
L'illusion soit entière,
Denis en bouracau
Doit être un petit volcan.
AIR *de la Chanson M. de Denis.*
Souvenez-vous en, souvenez-vous en.
TOUS. Ah ! que mon cœur, etc.

M. DENIS.

Je suis fier comme un paon,
Quand cet heureux jour m'éclaire,
Et par un doux élan
Mon amour hausse d'un cran,
Souvenez-vous en, souvenez-vous en.
TOUS. Ah ! que mon cœur, etc.

CAQUET.

Je suis t'un vétéran
Du Régiment de Cythère,
Et qui sans être un Jean,
Fâcha plus d'une maman.
Ah ! souviens-toi z'en, ah ! souviens-toi z'en.
TOUS. Ah ! que mon cœur, etc.

Mad CAQUET.

Vous fûtes un sultan,
Mais depuis long-tems, j'espère,
Vos feux, petit tyran,
Sont pour moi de l'alcoran.
Souvenez-vous en, souvenez-vous en.
TOUS. Ah ! que mon cœur, etc.

HILAIRE.

L'auteur peu charlatan,
Tantôt craint, tantôt espère,
Vous seul d'un ouragan,
Pouvez sauver la Saint-Jean.
Souvenez-vous en, souvenez-vous en.

DENISE.

Que l'auteur serait content,
S'il avait l'art de vous plaire,
Et si chacun, en sortant,
Chantait : vive la Saint-Jean.
TOUS Que l'auteur, etc.

FIN.

SOUVENIRS NOCTURNES
DE DEUX ÉPOUX
DU 17ᵐᵉ. SIÈCLE.

Il avait plu toute le journée, et n'ayant pu aller, le soir, faire leur partie de loto chez madame *Caquet*, sage-femme, rue des Martyrs, monsieur et madame *Denis* s'étaient couchés de bonne heure. Au bout de vingt-trois minutes, Mad. *Denis*, qui ne dormait pas, impatiente du silence obstiné de son mari, qui n'avait pas cessé de lui tourner le dos, soupira trois fois et prit la parole :

Air : *Premier mois de mes amours.*

Mad. DENIS.

Quoi ! vous ne me dites rien !
Mon ami, ce n'est pas bien.
Jadis c'était différen....
  Souvenez-vous en, (*bis*)
J'étais sourde à vos discours,
Et vous me parliez toujours.

M. DENIS, *se retournant.*

Mais m'amour, j'ai sur le corps
Cinquante ans de plus qu'alors...
Car c'était en mil sept cent,
  Souvenez-vous en... (*bis*)
An premier de mes amours,
Que ne duriez-vous toujours !

Mad. DENIS, *se ravisant.*

C'est de vous qu'en sept cent un
Une anguille de Melun
M'arriva si galamment,
  Souvenez-vous en ; (*bis*)
Avec des pruneaux de Tours,
Que je crois manger toujours.

M. DENIS.

En mil sept cent deux, mon cœur
Vous déclara son ardeur.
J'étois un petit volcan,
  Souvenez-vous en... (*bis*)
Feu des premières amours,
Que ne brûlez-vous toujours !

Mad. DENIS.

On nous maria, je crois,
A Saint-Germain-l'Auxerrois.
J'étais mise en satin blanc...
　Souvenez-vous en. (*bis*)
Du plaisir, charmans atours,
Je vous conserve toujours.

M. DENIS *se mettant sur son séant.*

Comme j'étais étoffé!

Mad. DENIS *s'asseyant de même.*

Comme vous étiez coiffé!

M. DENIS.

Habit jaune en bouracan,
　Souvenez-vous en... (*bis*)

Mad. DENIS.

Et culotte de velours
Que je regrette toujours.

Continuant.

Comme en dansant le menuet,
Vous tendiez le jarret!...
Ah! vous alliez joliment,
　Souvenez-vous en... (*bis*)
Aujourd'hui nous sommes lourds.

M. DENIS.

On ne danse pas toujours.

s'animant.

Comme votre joli sein
S'agitait sous le satin!
Il était mieux qu'à présent,
　Souvenez-vous en... (*bis*)
Belles formes, doux contours,
Que ne durez-vous toujours.

Mad. DENIS.

La nuit, pour ne pas rougir,
Je fis semblant de dormir.
Vous me pinciez doucement,
　Souvenez-vous en... (*bis*)
Mais à présent nuits et jours,
C'est moi qui pince toujours.

(38)

M. DENIS, *lui offrant une prise de tabac.*

Demain, songez, s'il vous plaît,
A me donner mon bouquet.

Mad. DENIS, *tenant la prise de tabac sous le nez.*

Quoi ! c'est demain la Saint-Jean !

M. DENIS, *rentrant dans le lit.*

Souvenez-vous en... (*bis*)
Epoque où j'ai des retours
Qui me surprennent toujours.

Mad. DENIS, *se recouchant.*

Oui, jolis retours, ma foi,
Votre éloquence avec moi
Eclate une fois par an ;
Souvenez-vous en ( )
Encor votre beau discours
Ne finit-il pas toujours.

Ici M. Denis a une réminiscence.

Mad. DENIS *minaudant.*

Que faites-vous donc, mon cœur,

M. DENIS.

Rien... je me pique d'honneur.

Mad. DENIS.

Quel baiser !... il est brûlant...

M. DENIS, *toussant.*

[Souvenez-vous en... (*bis*)

Mad. DENIS, *ajustant sa cornette,*

Tendre objet de mes amours,
Pique-toi d'honneur toujours.

Ici le couple bâilla,
S'étendit et sommeilla...
L'un marmottait en ronflant :
« *Souvenez-vous en...* » (*bis*)
L'autre : « *Objet de mes amours,*
» *Pique-toi d'honneur toujours.*

Printed by Libri Plureos GmbH in Hamburg, Germany